Georges Awad

Fremd und vertraut

Orientalische Sandkörner

Mit Kalligraphien von

Kerstin Glowienka

Bibliografische Information der Deutschen Nationalbibliothek:
Die Deutsche Nationalbibliothek verzeichnet diese Publikation
in der Deutschen Nationalbibliografie; detaillierte bibliografische
Daten sind im Internet über http://dnb.dnb.de abrufbar.

Herstellung und Verlag:
BoD - Books on Demand, Norderstedt

ISBN: 978-3-7460-1822-5

für meine Töchter

Mira und Laura

Lass mich auf dich warten

wie der Olivenbaum durstig auf den Tau
die Saite voller Spannung auf den Bogen
der Pinsel gierig auf die Farbe
und mein Herz auf seinen nächsten Schlag

bevor du kommst
werde ich in jeder Straße
eine Geschichte anzünden
den Wind mit meinem Verlangen schmücken
meine Fingernägel mit Sehnsucht bemalen
und mir Ohrringe aus Eifersucht stecken

dann
dann wenn ich dich sehe
rennen meine Gefühle um ihr Leben
wie ein Haufen Billardkugeln
vom Schlag überrascht
fallen vor Ohnmacht in jedes Loch
um sich vor deiner Schönheit zu verstecken

Das Warten

Meine Mona Lisa

wenn das Bild da ist, bevor das Bild da ist

wenn der Gedanke da ist, bevor
der Gedanke da ist

ist das Gefühl auch da, bevor es da ist?

und warst du bereits in mir, bevor ich dir
begegnet bin?

schließlich war die Mona Lisa im Maler

bevor sie auf die Leinwand kam

Mitten im Turm von Babel
will ich für dich eine neue Sprache erfinden

eine Sprache in der man dein Gesicht
in den Gesten meiner Hände sieht

in der man dein Lachen in dem Ton
meiner Stimme hört.

für dich will ich eine Sprache erfinden
deren Semiotik etwas vom Fallen
der Regentropfen
und der Lebenslust einer Eintagsfliege hat

eine Sprache deren Syntaktik
aus der Taktik eines hungrigen Wolfs
beim Anblick eines Lamms stammt

und deren Semantik
die Angst der Ahornblätter
beim Anblick des Septembers versteht

eine Sprache deren Zeitformen
aus den vielen Jahreszeiten
und Zwischenjahreszeiten sich formen

eine Sprache deren Buchstaben
die Farben eines Pfauenrades
beim Anblick einer Henne nachahmen

eine Sprache die ohne Artikel ohne Nebensätze
ohne die Schmerzen eines Abschieds
und ohne den Geschmack
meiner Heimatlosigkeit
auskommt...

und wenn ich mit dir rede meine Liebe
sehe ich wie die Buchstaben tanzen
beim Anblick deiner Augen am Morgen

und ich sehe wie die Wörter
mit dir machen
was der Frühling mit dem Kirschbaum macht

auch wenn du kein Wort verstehst

Babel

Tage die keiner will

ich sammle die Tage
die keiner will
vergessene verwaiste Tage

ich finde viele davon
unter Betten .... auf Straßenecken
in Gullis, Papierkörben, in gelben Säcken
auf Dachböden in alten Koffern...in Bündeln
zwischen den Seiten von Tagebüchern
in den Cafés zwischen den Tüchern
neben Gräbern und Kirchenbänken
auf Altären und kahlen Wänden
Tage die sich selbst in Fundbüros
abgegeben haben
oder wie Wicken an den Stäben
von Gefängnistoren erlaben
die meisten finde ich
in abgelaufenen Terminkalendern
in den Taschen selten getragener Anzüge
oder in den Schatten vorbeigehender Passanten

enttäuschte oder geächtete Tage
verletzte, hinkende Tage
Tage kaum angebrochen
viele noch verpackt und gebrochen
manche nur angebissen
einige in Eile geschmissen
andere in Langeweile ertränkt
oder auf Balkonen erhängt

ihr lieben Tage:
an meinen freien Tagen
hole ich euch aus meinen Sammelbüchsen raus
putze jeden von euch einzeln aus
entstaube eure Minuten und Sekunden
wasche euch
ziehe euch Schuhe an
kämme euch die Haare
und stecke Blümchen rein

dann lasse ich euch beim Spazierengehen
heimlich aus den Löchern
meiner Hosentaschen fallen

und bete dass meine Liebste
zufällig vorbeikommt
und einen dieser herrlichen Tage findet

Reifeprüfung

ich sehe meine Tränen in deinen Augen
und du fragst mich
was mit der Liebe ist

so sage ich dir
sehe ich dich an,
so sehe ich das, was ich in dir sehen will

umarme ich dich,
so umarme ich das, was zwischen uns ist

küsse ich dich,
so küsse ich die, die ich in dir begehre

liebe ich dich,
so liebe ich das, was in mir für dich ist

ich will mich nicht an dich klammern
wie der Apfelbaum an seine Früchte
bis sie reif sind

so sage mir
wann bist du du
wann bin ich ich
und wer von uns Vieren ist gerade reif hier

Vertrautheit

so wie die Welle
die unstillbare Reiselust des Meeres
in sich trägt
und der Samen der Eiche
die Sehnsucht des Werdens in sich trägt

so trägt meine Seele
den Atem deiner Seele in sich

schon lange bevor du da warst
und lange bevor du jemals wirst

Verbautheit

Habana

die Säulen von Habana vieja
erzählen von sehr alten Zeiten
Sklaven und Galeeren leidvoll vergangen

wohlgenährte Menschen
aus dem kalten Norden
füllen die Gassen mit schweren Schatten
Mojitos und dieselgeschwängerte Luft
lassen manche Schatten am Pflaster bleiben

in dieser Stadt scheint die Zeit
gern zu verweilen
voller Wehmut nach all den anderen Zeiten

der Südwind küsst unentwegt das Meer
mal liebevoll mal großzügig
auch auf Cuba scheinen
die Fische bei Liebeskummer
zu weinen

Nähzeug für dich

der Saum von deinem roten Kleid
aus dem Stoff der Geborgenheit
... mein warmes Refugium
hast du den Sonnenaufgang
hinein genäht?
hast du meine Sehnsüchte
als Garn genommen?
meine Hände als Futter eingearbeitet?

....

wenn du manchmal merkst
dass die Naht aufgegangen ist
schau in dein Nähkästchen hinein
da liegen noch mehr Sehnsüchte
in jeder Farbe und jeder Größe
als Garn und Futter für all deine Kleider

Nähe

noch einen Schritt auf dich zu
und die vier Himmelsrichtungen
lösen sich auf
mein Kompass sitzt ratlos
in der Ecke meines Kopfes...
er würde irgend einem Hauch einer Richtung
hinterher hecheln,
auch wenn sie nirgendwohin zeigte

Nähe

Ferngespräch

ich lege den Hörer auf
und nehme deine Worte in Gewahrsam

ein paar von denen kommen auf
meinen Schoß
ich werde sie behüten
ihnen mit meinen Händen über
die Haare streichen

ein paar bekommen Fußfesseln
damit ich weiß wo sie bleiben
und was sie so treiben

die Restlichen lasse ich wieder fliegen
vielleicht kommen sie bei dir vorbei
sie sind schwerbeladen
mit Tränen für deine Blumen
und Duft für deinen Garten
und eine Dattel für dich
mehr können sie nicht tragen
die anderen Datteln behalte ich für mich

WORTE

ich habe deine letzte Mail erhalten...
habe die Worte einzeln auf den Tisch gelegt...
versuche alles zu verstehen...

die zarten Worte ...verstecke ich unter
meinem Kopfkissen für die kalten Nächte,
schaue vor dem Einschlafen, ob sie noch da sind,
lasse sie in meinen Träumen warme Bilder von
dir und mir malen

die farbigen... pflanze ich in einem Topf ein,
dünge sie mit Geschichten und Rosenwasser,
spiele ihnen Fadolieder vor...und lasse
sie wachsen und mehr Worte bringen...
Süße und schwermütige...
Worte, die nach dir schmecken

die flüchtigen....verteile ich in meinen
Jacken- und Hosentaschen.... lasse
meine Finger sich jedes Mal freuen,
wenn sie sie unverhofft berühren....
wie Verliebte, die sich immer
wieder zum ersten Mal spüren

die unreifen... werde ich in Einmachgläser
für schlechte Zeiten einlegen...
ich lege ein paar von meinen dazu...
lasse sie einen winterlang reifen... vielleicht
werden sie dann genießbar

aus den säuerlichen... werde ich
einen Salat machen... raspele alle
ICHs und DUs darein... mische sie
mit herbem spanischen Öl und
Granatapfelsaft... einer Prise Salz....
Ob das bekömmlich ist?

die unverständlichen kommen in
den Mixer bis die Buchstaben sich im
Spiegel nicht wiedererkennen....
Oder sie werden auf dem
Flohmarkt verschachert

für das nächste Leben nehme ich mir vor,
Analphabet zu bleiben

Worte

*Wie lange muss der November dem Juni
nachtrauern*

wie viele Kerzen muss ich anzünden
wie viele Klosterstufen müssen meine
nackten Knie besteigen
damit der Südwind und der Albatros
wieder mit mir reden

deine Worte vom Vertrauensriss
wollte der Wind nicht verschlucken
wie die anderen Worte
sie hallten lange in mir nach
bis ich die Risse in meiner Haut sah

es war nur eine Nacht
gewollt nicht gewollt
im Sommermonat Juni

du erzählst etwas über einen zerbrochenen Krug
der nie wieder heil wird
und ich
ich hänge an deinen Lippen
wie ein Tautropfen auf einem Rosenblatt
ich fürchte mich für immer wegzurutschen
fürchte mich auf einem fremden Blatt zu landen
fürchte zu wissen wer und was ich bin
wen und was ich will

es war nur eine Nacht
benommen nicht benommen
im Sommermonat Juni

du erzählst und deine nicht verzeihenden Blicke
zerknüllen meine Wunschgedanken
und ich
wie die Nächte im November
müde von der Dunkelheit
tröste meine Haut
und tröste die Nächte

Dich küssen

ich habe gestern geträumt
wie ich dich küsse
sanft und wild
es war aber nicht im Schlaf
ich bin erst eingeschlafen
als ich aufgewacht bin
um dich küssend
wieder von Küssen zu träumen

Für die, die meine Seele ausgeliehen hat

ich nähe dir ein Kleid aus Pfefferminzblättern
Knöpfe und Kragen aus Saphiren
mache dir eine Kette aus frisch
gerösteten Kaffeebohnen
knete dir Schuhe aus Seerosen
und schaue dir beim Anziehen zu

ich leihe dir meine Seele aus
lasse dich frei in die Welt
und in mir alle Welten erobern

wenn die Blätter austrocknen
die Bohnen anfangen zu bröseln
und die Seerosen welken
duftet meine Seele nach Minze
und Kaffee
und leuchtet wie die Saphire
wenn sie an dich denkt

Die Seele

Scheu

und mein Schatten
hungrig nach Farbe
denkt heimlich
dir das dünne Kleid zu entreißen
und aus deiner Mitte
in das tiefe Grün deiner Augen
zu tauchen
wäre nicht meine Scheu zwischen uns

Schen

Wenn ich liebe

wenn ich liebe
kommt der Sommer viermal im Jahr hierher
der Raps bemalt viermal im Jahr die Felder
der Mond lässt sich nebenan
zur Untermiete nieder
und stellt seine Liege auf meine Terrasse

wenn ich liebe
dann besteche ich die korrupte Zeit
ich erzähle ihr von meinen Zauberkünsten
und sie packt unbemerkt
gestern und morgen ein
und geht mit ihnen auf Reisen

wenn ich dich liebe meine Liebe
dann läuft das Glück barfuß hinter mir her
es bindet mir die Augen zu
und ich stricke ihm Socken für die kalten Füße

wir spielen zusammen blinde Kuh…
es versteckt sich hinter seiner
nervigen Flüchtigkeit
und ich mich hinter meiner
unheilbaren Blindheit

Ich liebe Dich

für dich

das Grüne deiner Augen
wenn du die Lider aufschlägst
ein grünes Refugium.

könntest DU
meinem Nomadenblick
kurz Asyl gewähren?

er fließt mit deinen Tränen,
bedeckt deine Wangen mit Küssen
und trocknet dann aus

könntest DU?

Wiedergutmachung

deine Seele kam heute zu mir
sie legte Schal und Mütze ab
erklärte mir
wie der Himmel von den Tränen der Liebenden
den Tau für den Morgen aufsammelt
und ich habe verstanden warum
der Tag die Nacht nur in dem Schatten
deiner Haare versteckt

sie legte Sonnenbrille, Jacke und Schuhe ab
erklärte mir
wie die Sternenbilder jede Nacht gemalt werden
und ich habe verstanden warum
der Regenbogen jedes mal seine Pinsel
beiseite legt
wenn du deine Lider aufschlägst

sie legte die Bluse ab
erklärte mir
warum Gestern und Morgen
sich im Jetzt ständig küssen
und ich habe verstanden warum
meine Hände vor Sehnsucht nach
deiner Haut
ihre Linien verlieren

sie legte den Rock ab
und erklärte mir
nichts mehr
und ich habe verstanden warum
meine Seele beschloss
ihre dreitausendjährige Geschichte zu streichen
um einen neuen Anfang zu beginnen

nun
nachdem ich all das verstanden habe
stelle ich
bei der himmlischen
Menschenrechtskommission
einen Antrag auf Wiedergutmachung

für all die Lebensjahre
bevor ich deine Mütze und deinen Schal
zum ersten Mal sah
Ich will sie alle
wieder haben

Wiege

die Nacht war müde
die Stille gab sich Mühe
ein Geräusch nach dem andern
in dieser quirrenden Gasse
in Habana zu verschlucken

meine Seele erwachte,
suchte deinen beruhigenden Atem auf
und schaukelte sich wie in einer Wiege
vergnügt darin
bis der erste Sonnenstrahl
an die beschlagenen Scheibe klopfte

die Stille war gesättigt
ich konnte sanft wieder einschlafen
obwohl dein Körper
auf einem anderen Kontinent war

Sanduhren

in den verwinkelten Gassen meiner Albträume
wo die Wahrheit nackt rumschlendern darf
leert die trügerische Zeit
die Sanduhren meiner Welt

die feinen Sandkörner
zerrinnen

bei jedem Lächeln deiner Augen
bleiben die gröberen
eine Weile stocken

Sand

Sehnsucht

ich webe einen Teppich mit seidenen Worten,
male darauf gewagte Träume,
verknote seine Bündchen
mit 1000 Versprechungen,
erzähle ihm, wo du wohnst
bitte ihn, mich mir wegzunehmen
und bete, dass er fliegen lernt

Wenn meine Angebetete an mir vorbei geht
sage ich meinem Leben

gehe langsam hinter ihr her

lerne das Stolzieren des Jasmins
wenn er von einer Brise
um seinen Duft gebeten wird

lerne wie eine Lilie ihre Grazie
an ihre Bewunderer hemmungslos verschwendet

und lies aus den Sandabdrücken ihrer Füße
was dir die Zukunft bringen wird

wenn meine Angebetete an mir vorbei geht
sage ich meinem Leben

gehe langsam hinter ihr her

verstecke ihren Schatten in deinen Händen
und trinke davon

erzähle ihr vom Meer
wie es seine schönsten Liebesgeschichten
in Perlen presst
und in Muscheln versteckt

erzähle ihr wie der Strudel der Liebe
den Nabel der Welt ernährt

lege meine Seele wie einen Seidenschal
um ihren Hals
und lasse dich von dieser Berührung neu taufen

dann
dann komm zu mir wieder
bring mir ein Stück
von dem Seidenschal zurück
damit ich der Gegenwart sage:

Ertrage mich noch ein wenig
ich bin ein Neugeborener

Nachts kommt das Exil
zu mir
kriecht aus den Träumen zurück
mit den obszönen Wunden der Erinnerung
...
sie machen mir das Kopfkissen streitig
sie machen mir meinen Atem streitig
ich rette mich
auf deine Haut
atme dich ein
und wieder ein
bis ich heimisch
bin

Exil / Fremde

Eine Gewerkschaft für Wunden

deine Liebe machte meine Tür auf
kam wie ein Gedicht uneingeladen
in mein Zimmer hinein
ich merkte den Luftzug nicht

sie schnitt meine Brust auf
tat einen Leib mit Fleisch und Blut hinein
Kerzen, Brot und Wein
ich merkte den Schnitt nicht

sie schälte mich wie eine reife Mango aus
presste meinen Saft aus
ich merkte das Messer nicht

sie kroch zwischen mir und meiner Stimme
versteckte meine Sprachen und meine Sinne
ich merkte mein Schweigen nicht

sie wühlte in meiner Geschichte herum
verbrannte meine Geburt
meine Urkunden
brachte meinen Glauben um
ich merkte das Feuer nicht

sie spülte mein Denken fort
auch meinen Geburtsort
klaute meine Häfen und mein Meer
und sagte mir:
ich brauche mein Schiff auch nicht mehr

dann trug sie mich fort
weg von hier
zu einem anderen Hier

kaum dort angekommen
war sie fort
und ich
ohne Hafen und ohne Boot

das Meer hat sich das Leben im Meer genommen
die Fische haben angekündigt
1000 Jahre gegen das Schwimmen zu streiken
die Bienen haben angekündigt
1000 Jahre gegen die Blüten zu streiken
meine Wunden haben angekündigt
bis auf einige
1000 Jahre gegen den Schmerz zu streiken
und ich habe
für alle Streikenden und Streikbrechenden
eine Gewerkschaft gegründet

Wynlea

Ich habe dich im März verlassen

obwohl unsere Geschichte schöner
als der Mai ist
schöner als eine Blume in deinem Haar

ich dachte was wäre der Mai
ohne den November
was wäre eine Blume wenn sie nicht verwelkt

sammele deine Gefühle auf
kehre deine Sehnsüchte zusammen
sagte ich dir
und geh

alles was kommt geht
was kümmert den Winter
was der Mai anstellt
und was kümmert den Frühling
wenn eine Blume verwelkt

geh
ich und das Auswandern sind eins
lass mich fremd in der Fremde zurück
keine Träne werde ich vergießen.

Seit diesem Tag
sehe ich deine Augen in jedem Gesicht

Augen die ich erobert habe
an deren Wimpern ich mich gesonnt habe
Seen meiner Heimat
dort konnte ich schwimmen
ich Nichtschwimmer
ohne Schwimmweste ohne Rettungsring

nun bin ich
ein Schiffbrüchiger
von allen Stränden gemieden
ein Schiff von allen Häfen verwiesen
warte auf meine Rettung vor Lampedusa

Liebe mich

liebe mich für eine Woche
für Tage ... für Stunden
ich bin ein Kind der Zeit
liebe mich ohne Fragen und ohne Klagen
ich bin dein April
lass all deine Knospen in mir aufgehen
ich bin dein November
lösche all deine Blitze in meinem Körper
liebe mich wie ein Tsunami
wie ein unerwarteter Tod
und geh in meinen Handlinien verloren
ich bin ein Mann ohne Schicksal
sei mein Schicksal
sei die Waben meiner Gedanken
und der Honig meiner Seele

Die Liebe

Versöhnung mit einem Fremden

ich sehe mein Abbild im Spiegel und sage ihm,
mein Freund, ich bleibe dir
in diesem Leben fremd,
du bleibst mir fremd und jeder von uns
bleibt sich selbst fremd
bis zu dem Tag
an dem Johannes der Täufer wiederkommt
und die Wölfe das Weite suchen

ich bin einer von ihnen, mein Gott,
aber so ist es eben
in den Armen der Zeit
mit ihren verräterischen Brüsten

an diesem Tag, mein Freund,
wird man dich mit den Schafen
in Frieden weiden lassen
an diesem Tag schaust du mich an,
mein Freund,
und ich sehe mein Bild in deinem Bild
dann halte ich deine Hand
damit ich nicht stürze
und wische die verkrustete Milch von dir ab
mit der die Zeit mein Gesicht verschmierte

an diesem Tag sprichst du zu mir
und ich denke
deine Stimme ist meine Stimme
und dann stehe ich vor dir
als würde ich vor einem Spiegel stehen

Freud

Wenn mich in der Nacht unerwartet fremde
Tränen aufsuchen

halte ich meinen Kopf still
damit sie etwas verweilen

sie stellen sich vor
erzählen mir dies und jenes

sie räkeln sich
sie strecken sich
und bleiben die halbe Nacht wohnen

ich sehe dich darin lachen
ich sehe dich darin weinen

ganz früh am Morgen
gehen sie weiter auf ihrem Weg
zu anderen Augen

Tränen

Steuerlos

und alles ruht auf ihren Schenkeln
mein Kopf
meine desertierten Hände
das Erbe Columbus
entdeckungsgierig
segeln über die Meere
ihrer Sehnsüchte
Gezeiten mit Südwind
meine brauchbaren Küsse steuerlos

Ich habe mich schon immer gefragt

wo sich die Traurigkeit beim Lachen versteckt

wo die Freude bei Niederlagen hingeht

was die Sonne in der Nacht treibt

was die Sterne tagsüber machen und

wohin sich die Liebe verzieht
wenn sie nicht mehr da ist

kann es sein, dass sie alle
nur zwischen den Ufern
unserer Seelen
hin und her wandern?

Wiedergeburt

Und jedes fallende Blatt
mit verwelktem Gesicht
auf der Erde angekommen
wird vom Tod gefragt:
Wie viele Schmetterlinge hast du geküsst?
Hast du alle Tanzschritte des Windes gelernt?
Wie viele Vögel hast du ertragen?
Und der Tod mit dem langen Gedächtnis
entscheidet dann
ob das Blatt im nächsten Frühling
Blatt werden kann
oder nichts

Ich bin von hier und von dort

Ich bin aus einem anderen Land als das Eure
aus einem anderen Viertel
aus einer anderen Einsamkeit

Ich bin hier und oft bin ich dort
ich spreche die Sprache von hier
die mir ihren Reichtum unter das Kopfkissen legt
Ich spreche auch die Sprache der Olivenbäume,
des Salzwassers und der Steine
von dort
Ich schlafe hier und oft wache ich dort auf

Ich schaue meine frisch geputzten Schuhe an
atme den Staub der Flüchtlinge
sehe wie man ihre Häuser abreißt
ihre Olivenhaine raubt
und ihre Würde hinter eine
vermiente Mauer schiebt
da wo der Regen nicht hin will
und die Lichter wie die Seelen
jede Nacht ausgehen

da wäre ich nicht gern dabei

Ich sehe meine gepflegten Fingernägel an
und spüre darunter die quälenden Stiche
der ewig Verdammten
die sie täglich an die Gefängnismauern einritzen

da wäre ich nicht gern dabei

Ich sehe meine sauberen Hände an
und spüre die Steine der Kinder
die sie immer wieder ohnmächtig
gegen die Mächtigen schleudern

da wäre ich auch nicht gern dabei

Ich sitze hier an meinem Schreibtisch in einem
anderen Jahrhundert
unterhalte mich mit der Zivilisation
über die gelungene Sichtweise
ihrer eigenen Blindheit
über die perfektionierte Stumpfsinnigkeit
ihrer Zöglinge
und die verlogene Einäugigkeit ihrer Heiligen

Ich wäre gern dabei gewesen
als die Gebote in aller Eile auf die Steintafeln
gemeißelt wurden
ich hätte gern was dazu gesagt

hier & Dort

Ein gutes Versteck

nun bin ich alt
blättere in meinem Gedächtnis
finde dein Gesicht nicht
es ist gut so
denke ich

was mache ich aber mit deinem Geruch,
der in all meinen Zellen
das schönste Zimmer angemietet hat?
mit deinen Worten,
die mir bei jedem zarten Gedanken
den Weg abschneiden?
mit meinen Händen,
wenn die mich am Abend
nach deinen fragen?
Und was mache ich mit meinem Lächeln,
wenn es von seiner Weltreise zurückkommt
und dein Augenblinzeln sucht?

Also schließe ich meine Augen ganz fest
suche in allen Verstecken darin

oh…. da bist du ja
eingebettet in meinem Augenlicht
….
ich hätte dich früher da suchen sollen
dann hätte mich das Altwerden vergessen

zeit und raum

wie spät ist es in deinem Leben?
hast du den richtigen Abstand
zu deinem Sekundenzeiger
zu dir
zu mir
wie die Sonne zur Erde?

Der Tod

Ein nichtendender Dialog

Wir könnten mal wieder für eine Weile Hand in Hand gehen, sagte die Liebe zu der Zeit..... aber nur kurz antwortete die Zeit..... für dich habe ich jetzt wenig Zeit.

Das ist es ja, klagte die Liebe.... für mich hast du nie wirklich Zeit..... du erwiderst meine Liebe nicht ..... und Zusammenleben willst du mit mir auch nicht.

Du hast recht, sagte die Zeit.... es ist an der Zeit offen und ehrlich zu dir zu sein....
Ich lebe im JETZT und wohne nur im HIER......du dagegen..... du bettest deine vielen Gesichter in „meine" Vergangenheit und in „meine" Zukunft.... fütterst deine Kinder mit Gestern und mit Morgen.... gaukelst ihnen wollüstige Träume von vorher und nachher vor.... und malst für sie Illusionen von früher und später.

Du kannst einem leidtun, sagte die Liebe..... wenn du nur im JETZT lebst, dann weißt du nicht, wie die süßlichen und schmerzlichen Erinnerungen von gestern schmecken ..... hast keine Vorstellung, wie man aus ihnen Hefe für die Hoffnung von morgen bereitet......

hast du jemals darüber nachgedacht, wie das Begehren später geerntet werden soll, wenn die Illusionen vorher nicht gesät wurden...... und wo wären Du und Ich ohne vorher und nachher?......

Außerdem, was stellst du dich so an wegen meiner Kinder?

Sehnsucht und Leidenschaft lassen dich zum Unendlichen wachsen...... Freude und Glück bedecken deine Füße in der Nacht und zaubern dich zumindest für eine Weile in die Welt der Sinne ..... Angst und Leichtsinn huldigen dir und beweihräuchern deine Taten ....

Und im Übrigen, ohne mich wärest du dem HIER nie begegnet.....

Die Zeit:

Ach das HIER.... das klebt ständig an mir..... es verfolgt mich auf Schritt und Tritt..... Naja... es war Liebe auf den ersten Blick.....

Es hat mir damals die Freiheit genommen.... seitdem laufe ich im JETZT wie benommen.... kann nicht mehr sein, wann und wie ich will.... aber ohne es bin ich nichts.... so wie es ohne mich nichts ist.

Man sagt.... ALLES ist da, wo wir nicht sind, das HIER und ich... stimmt das?

Ich weiß es nicht, sagte die Liebe..... ich möchte auch nicht da sein, wo das Nichts ist.

Die Zeit:
Du hast gut reden.... Seit eh und je besingt man dich.... In deinem Namen trinkt man und besäuft sich.... Viele leben, sterben und töten für dich...
mich.... mich zwängen sie in Sanduhren und zwischen Zahnräder .... zerfleddern mich in meine Einzelteile für ihren Sport, ihre Computer und ihre Kriege.... machen mich für ihr Leben und Sterben verantwortlich.... für ihren Erfolg und Misserfolg, für ihre Ernten, Götter und Gebete.... für Arbeit, Verdauung, Zahnlücken und Fahrpläne.... einfach für alles.... und lassen mich unentwegt ticken......
Sie können nie von mir genug haben....
Ihrer Gier kann ich nur entkommen, wenn ich ihre Empfindungen betäube und mich bei ihnen räche......
Ich grabe tiefe Furchen in ihre Gesichter ein und schreibe meinen Namen hinein.... Ich lasse sie ständig meinen Atem ganz nah spüren, mache sie zerbrechlich und klein.... Und zum Schluss raube ich ihnen sogar ihre Würde und alles, was sie je besessen haben.

Die Liebe:
Jetzt hast du aber genug geklagt und geheuchelt.... Du vergaßt zu erwähnen, dass du auch gute Tage hast.... vor allem, wenn du bei mir bist....
Du hast weit und breit die beste Salbe für meine Wunden.... lässt dein Moos über alle Verletzungen wachsen.... und viele haben große Achtung vor dir.
Die Geduld schätzt den Geschmack deiner Peitschenhiebe... Licht und Schatten ehren dich.... Tag und Nacht beten dich an.... sogar der Mond.... mein ständiger Begleiter hält große Stücke auf dich...
Nun lass uns Frieden schließen und für eine Weile Hand in Hand gehen, dann erzähle ich dir, was ich gestern erlebt habe....

Die Zeit:
Von mir aus, für eine kurze Weile.
Ich habe lange auf dich gewartet, sagte leise die Liebe.

Du weißt, ich kann auf niemanden warten, murmelte die Zeit.... Wenn ich dies täte, gäbe es uns beide nicht mehr.... hörst du, wie mich ständig das JETZT ruft?

Eines Tages locke ich dich in meine Ekstasenkammer.... dort werde ich dich töten....sagte die Liebe und hielt die Hand der Zeit ganz fest..

Bedenke nur, dass ich das Gift der Eifersucht immer mit mir herumtrage.... murmelte die Zeit und hielt die Hand der Liebe ganz fest..

Vom Vater geträumt

Ich sehe meinen Vater im Regen
ganz faltig, müde
nach all den Jahren,
die man davongehen sieht

Er nahm seinen Blick dafür,
um mich zu fragen, wie es mir geht.
Dieser Blick, der nicht wusste woher er kam
und wie sein Besitzer hieß

Die Hände, die mir viel gaben
verdreckt von der Zeit,
die sich im Regen auflöst

Ich wollte sie in meine Händen nehmen
und sie küssend vom Dreck befreien,
doch das vereitelte die Zeit

Die Augen, die viel sahen
jetzt kaum noch wahrnehmen,
sehen wie der Himmel aus,
an einem Novembermorgen

Ich wollte gerne mit ihnen
mein Augenlicht teilen,
doch auch das vereitelte die Zeit

Und dann kam diese Zeit mit dem Wind
aus dem Norden
sie riefen gemeinsam den Namen
meines Vaters
und der Regen verwischte seine Spuren,
obwohl meine über all die Jahre
getrockneten Tränen
und der Süden
nicht einverstanden waren

Gott lass mich älter sein als mein Weinen
und Lachen
Lass mich älter sein als die Geschichte
meiner Zellen
Gib mir meine Gärten und Wiesen zurück

Ich verspreche dir, die Jahre im Herbst
zurück zu schneiden,
um im Sommer meine Jugend neu zu pflücken
und die vielen Mühen meines Vaters
noch einmal frisch zu ernten

Ich will aus seinen und meinen Geschichten
neue Zöpfe für meine Töchter flechten
und aus dem Gold seines Glaubens
dafür Schmuckstücke formen

Morgen früh werde ich wieder geboren
wenn die Krähen mich aus dem Schlaf reißen,
um die Augen meines Vaters in den Augen
eines jeden Bettlers im Bazar zu sehen

Die Vernunft aber,
die mir die Zeit und der Wind
an einem unvernünftigen Tag,
geborgt haben
damit ich meinen Verstand darin einbette,
damit er an ihre Prinzipien von Gestern
und Morgen glaubt,
diese falsche Vernunft werde ich ihnen
zurückgeben
und werde das HIER und JETZT für heilig
erklären

Der Vater

Die Einzige

die Einzige, die mit mir unverhohlen
und ohne Scham flirtet
ist die Eiche in meinem Garten
sie schickt mir immer wieder zarte
goldene Blätter
glänzend und ohne Worte

ich fühlte mich geschmeichelt bis ich merkte,
wie der Wind sie liebkoste
und sie mal zärtlich und mal wild mit seinen
Flügeln umarmte
ich sah, wie er ihr immer wieder
ins Ohr hauchte
und wie sie sich immer mehr entkleidete

und ich....
ich sammelte wehmütig die goldenen Blätter,
stampfte sie in einen Sack
und dachte,
wie langweilig der Bambus ist